नज़राना

21st Century Love

Kalpit Dhaked

Made with ❤ on the BookLeaf Publishing Platform

www.bookleafpub.in

www.bookleafpub.com

Dedication

यह कविता संग्रह उन सभी को समर्पित है जिन्होंने अपने व्यक्तित्व से दूसरों के जीवन में मुस्कुराहटें और खुशियाँ बाँटी हैं।

Preface

नज़राना : 21st Century Love की प्रेरणा हर वो शख़्सियत, वक़्त, और क़ुदरत है जिन्हें हमने अपने जीवन में कभी ना कभी देखा, सुना या महसूस किया है। कुछ भावनाएँ और पल थोड़े समय तक रहते हैं, तो कुछ पूरी ज़िन्दगी के साथी बन जाते हैं, और फिर वो चाहे जैसे भी रहें हो, यादों में हमेशा बेहद खूबसूरत नजर आते हैं। अच्छे-बुरे, खुशी और दुःख के उन सभी पलों को मुस्कुराते हुए याद करना, उन्हें जीने का सुख महसूस करना, और नए पलों को दिल खोल के स्वागत करना ही ज़िन्दगी है, और यही सब आपके लिए नज़राना में बड़ी सहजता से कविताओं के द्वारा सजाने की कोशिश की गई है।

Acknowledgements

मैं इस कविता संग्रह को उन सभी को समर्पित करता हूँ जिन्होंने अपने व्यक्तित्व और अस्तित्व से मेरे जीवन में मुस्कान और प्रेरणा का संचार किया। धन्यवाद उन सभी लम्हें, चलचित्र, किस्से-कहानियाँ और यादों का, जिन्होंने मुझे लिखने और अनुभवों को साझा करने की प्रेरणा दी। साथ ही, मैं उन सभी को आभार प्रकट करता हूँ जिन्होंने मेरी कविताओं को पढ़ा एवं महसूस किया और जिनकी वजह से मैं शब्दों में अपनी कल्पनाएँ पिरोने की हिम्मत पा सका।

1. आओ थोड़ी हक़ीकत लिखते हैं

आओ थोड़ी हक़ीकत लिखते हैं,
थोड़ा सच, थोड़ा गलत लिखते हैं,
कुछ ऊँच-नीच हो भी जाए तो क्या,
यहां सबक और सबब दोनों बिकते हैं,
आओ थोड़ी हक़ीकत लिखते हैं...

एक दिन गुजरते मैंने, किसी शाम को देखा,
फिर गुजरती उस शाम को जो अगले दिन देखा,
शायद दोनों ही किसी की राह से, हर रोज़ गुजरते हैं,
शायद दोनों ही किसी के रुकने को तरसते हैं,
अज़्म क्यों ये हर रोज़ करते हैं,
शायद किसी रात से मोहब्बत करते हैं,
आओ थोड़ी हक़ीकत लिखते हैं...

मौसम बदले, महीने बदले, गुज़रे कई साल,
पर ना दिन का ख्याल बदला, ना बदला शाम का हाल,
ना कोई शिकवा रखते हैं, ना शिकायत करते हैं,
बदलती सीरत पर भी देखो कैसे ग़ुरूर करते हैं,
ऐतबार कैसे ये इतना करते हैं,
शायद किसी चाँद से मोहब्बत करते हैं,

आओ थोड़ी हक़ीकत लिखते हैं...

आओ थोड़ी हक़ीकत लिखते हैं,
थोड़ी अपनी, थोड़ी तुम्हारी लिखते हैं,
कोई तराना फिर सामने आ भी जाए तो क्या,
यहां मोहब्बत और इंसान हर रोज़ बिखरते हैं,
आओ थोड़ी हक़ीकत लिखते हैं...

2. सोच

वक्त, यार, दिन और वार,
सब लिए हैं हमने बांट,
हार क्या और जीत क्या है,
जब उतरना ही गंगा के घाट,
सोच....

मन के हारे हार है और मन के जीते जीत,
जो आज तू ये पढ़ रहा, है बड़ी पुरानी रीत,
हो आँखें बंद तेरी, तो सच ये खुला,
तूने जिसको दिल दिया, वो छोड़ के गया,
गया भी उसके घर, जो दिल उसी का तोड़ के गया,
सोच...

बदल रहा है वक्त अब, ये शहर भी बदल गया,
आने जाने वाले बदले, पता मेरा बदल गया,
गांव पीछे छूट गया, वो चौपाल भी टूट गया,
बरगद की जिस डाल पे झूला, वो पेड़ भी देखो टूट गया,
हरा भरा जो खेत था, बच्चों से अब रूठ गया,
सोच...

कहाँ जाएंगे हम ऐसी सोच के बाद,
कहाँ तक ले जाएगी ये सोच अपने साथ,
छोटी होती जा रही ये सोच और जिंदगी,
कुछ बदलना बेहद जरूरी है, इस सोच के साथ,
प्यार हो, आभार हो, समझदार हो, इंसान हो,
सोच, सब कितना आबाद हो...

3. नज़र

बेज़ुबान वो, कितनी कमाल है,
काबिल है, वो कद्रदान है,
किसी की याद हो, तो नम है,
कोई उदार हो तो, शर्म है,
किसी को लगी नज़र है,
कोई यहाँ बे नज़र है...
रोशनी की तलाश में, कुछ नज़र बेताब हैं,
प्रगति हुई जिनकी, वो उतारने को तैयार हैं,
कुछ धन्य हैं, कुछ तंगहाल हैं,
कुछ शौकीन बड़ी, कुछ सुरख लाल हैं,
हम जिस नज़र से मिला बैठे हैं नज़र अपनी,
वो नज़र बेमिसाल है...

किसी को दिखता, कितना छोटा है कोई,
किसी को लगता, कद में बड़ा है कोई,
कोई दिल से उदार समझता है किसी को,
कोई जिंदगी का बुखार समझता है किसी को,
कहीं पहचान ही ना ले जाए, उतारते-उतारते,
ऐसी नज़र ना लगे किसी को, वक्त गुज़रते...

कर्म सारे फल देता है यहीं पे,
अगले जन्म साथ कुछ नहीं जाता,
उसके इशारों पे हम क्या नहीं कर गुजरे थे,
देखो वो भी तो अब लौट कर नहीं आता,
पर अच्छी रखो नियत अपनी,
किसी की बुरी नज़र से किसी का कुछ नहीं जाता...

4. खुशबू

जिस फूल में खुशबू नहीं होती,
क्या वो फूल नहीं होता,
कुछ रंग भरते हैं जिंदगी में,
हर फूल गुलदस्ते का नहीं होता...

हम ढूंढ़ने जिसे निकले थे,
उसका पता हमें हवाओं ने बताया,
लोगों से पूछा था हमने,
कोई पहचान नहीं पाया,
जाना जो थोड़ा और, कि आखिर वजह क्या है,
आज उद नहीं पहना उसने, एक कद्रदान ने बताया...

दिल से वाह निकल गया,
और आह मन में ही रह गया,
मुलाकात मुकम्मल करने जिसे,
मैं दूसरे शहर से आया,
उसने हर वतन से अपना एक बाशिंदा है बुलाया...

महका ये नगर उस ख़्वाब के आने पर,
मानो फूलों का कोई बाग ले आया,

जहां दिल होता है वहां इत्र सा कुछ ना मिला,
तब जाकर मुझे समझ आया,
ये फूल वही है जो जिंदगी में सबकी,
बस रंग भरने आया...

5. मुस्कुराहट

एक भाव है, एहसास है,
कुछ पाने की पहचान है,
दूर सही, उसके दीदार की,
साथ होने, का अभिमान है,
ये मुस्कराहट बड़ी नादान है...

डाँट भी बहुत खाई हैं,
इसके आने पर बेवजह,
फिर भी कठिनाई है,
इसे छुपाने में हर दफा,
जब ख्याल में वो आ गया,
और उसका हमें वो छुपकर तकना,
ये मुस्कराहटें वाचाल हैं,
अब किसी से हमें क्या कहना...

बहाने सुनते-सुनते मैं थक गया,
वो बनाते ना थका,
याद मैं करते-करते थक गया,
वो कहीं ना दिखा,
कुछ अलग भी था, कुछ गलत भी था,

और कुछ भी नहीं, इंतजार ही था...

शहर पूछने लगा,
उन खोई हुई मुस्कराहटों का पता,
क्यों कोई किस्सा सुने अरसा हो गया,
फिर पता चला, कमाने कामयाबी,
हम ही कुछ यूं निकल आए,
अपना घर, दोस्त, प्यार, हर मुस्कराहट छोड़ आए...

6. सूरत

अब बात प्यार-परिवार की नहीं,
दिल और विचार की नहीं,
मोहब्बत होने की लिए,
बस एक ही वजह चाहिए,
कि सूरत अच्छी होनी चाहिए...

कुछ सालों की ही तो बात है,
फिर बुढ़ापा ही सौगात है,
जब तक मैं हूँ जवान,
ज़िंदगी थोड़ी हसीन होनी चाहिए,
इस सदी में सबको बोलो क्या चाहिए?
कि बस सूरत अच्छी होनी चाहिए...

मेरे बीते कल पे कोई सवाल नहीं करेगा,
किसी को बता भी दिया तो बवाल नहीं करेगा,
जो गुजर चुका है उसे भुला देंगे हम मिलकर,
ऐसी सोच सबकी होनी चाहिए,
और हम झूठ ही बोल जाएं सारी वो बातें,
कि सूरत में क्या रखा है किसी की,
ऐसा बाद में मेरा भी नसीब होना चाहिए...

अब सोच कर बीच उम्र में, जवानी की ये बातें,
समझाती है ज़िंदगी और ये पुरानी चाहतें,
काश वो नासमझ समझ कभी आई न होती,
कि बस सूरत अच्छी होनी चाहिए,
क्योंकि खुशनुमा ज़िंदगी के हमसफर की सूरत नहीं होती,
ये सूरत किसी दिल का चेहरा नहीं होती,
इसलिए ज़रूरी नहीं कि बस सूरत अच्छी होनी चाहिए...

7. सीरत

हर दिशा, हर पहर,
हर वक्त बदलती रुख हवा,
बदलता ज़माना और बदलते रिश्ते,
किसी ने फिर क्या खूब कहा,
खो रहे उजाले, हो रहे अंधेरे,
ना बदलती सीरत, बस बदलते चेहरे...

किस उम्र में समझ आएगा ये,
कौन हमें कब बताएगा ये,
पढ़ाया तो कहीं नहीं जाता,
कोई कैसे सीख पाएगा ये,
कि सीरत ने जो लिखा है अपनी किस्मत में,
क्या वही मिला है उसे किस्मत से...

अनजान कितनी है, और सहमी सी रहती है,
करुणा से भरी है, कितनी सहजता में रहती है,
स्पर्श भी नहीं कर पाया उसे आज तक कोई,
तभी तो सत्कार में संस्कार सहित कहती है,
मुझमें हर कोई झांक नहीं सकता,
जो मेरे जैसा होगा, बस वही मेरा होगा,

क्योंकि सीरत ना किसी सूरत, ना ही चेहरे जैसी है...

चार बातें भी नहीं कही उसने,
और देखने वाले सब सुनने लगे,
देख ली सीरत की भी सूरत उस दिन,
जिसका मोल नहीं समझा था किसी ने,
सब ने एक जैसा देखा उसको, और एक ही जैसे कहा,
वक्त भी बदलते देखा हमने, पर ना देखा कोई सीरत जैसा...

8. दिल

दिल ये कैसी, अनकही सी,
बातें लिए चल पड़ा,
इसको राह मालूम नहीं,
ये बेगाना, तन्हा खड़ा,
आ इसे थाम के,
तू कहीं छोड़ आ,
लौट ना पाए ये,
मांग ले ये दुआ,

तेरे सिवा, माने सभी,
जाने खुदा ये दिल,
तेरा हुआ..
ये दिल तेरे हुआ..

बदले मौसम, की सुबह सी,
मुस्कुराती, तेरी हर अदा,
तुझको समझू, जान वारु,
सोचूं कैसे, करूँ खुदको बयां,
जो सभी लफ़्ज़ थे,
वो कहीं खो गए,

यादें बन आंखों में,
लम्हें वो, रहेंगे सदा...

तेरे सिवा माने सभी,
जाने खुदा ये दिल,
तेरा हुआ...
ये दिल तेरे हुआ...

9. धड़कन

हल्की सी आहट भी जरूरी है जिसकी,
सांसों की ख्वाहिश है वो,
आंखों की नमी है,
किसी की आदत है वो,
किसी के दिल में रहने वाली,
किसी और दिल की धड़कन है वो...

शैतानियों से परे, कितनी मासूम है,
मेरे प्यार की ज़ुबान से अनजान है,
मिलने आती है मुझसे अपने वक्त पे हर रोज़ जो,
बिना जाने की मेरे हर पल का किस्सा है वो,
कितना आसान है मेरा उसे समझना,
और उतना ही मुश्किल उसे मेरा समझाना,
तभी तो दिल से बढ़कर होती है जो,
मेरे दिल की धड़कन है वो...

ये लम्हा रुक नहीं सकता,
मैं उसे खो नहीं सकता,
उसके जाने की सोच भी,
इस कदर परेशान करती है मुझे,

कि सोचे बिना उसे एक रात भी,
मैं सो नहीं सकता...

आदत से बढ़कर है जो मेरी,
वो खुश है अपनी दुनिया में,
उसकी दुनिया का बस एक हिस्सा हूँ मैं,
पर मेरी, वो पूरी दुनिया है...

10. कंगन

पहली नजर और पहला प्यार,
इबादत, गुरूर, और थोड़ा ऐतबार,
वो आधार मेरा, वो विचार मेरा,
इरादा वो ही अब, वो मुकाम मेरा,
तोहफे में तक़दीर ने जो उसका नाम लिख दिया,
फिर मैंने उसे तोहफे में खुदको ही दे दिया...

वो पहली बार, वो चेहरा, वो आँखें,
उसका वो बातें बनाना, और वो बहाने,
सारे कैसे याद हैं मुझे और खास हैं मेरे,
क्या कुछ ऐसा है खोया, जो पास है मेरे,
क्या किस्मत का कुछ लिखा है अधूरा,
क्यों उसे मिलके हुआ मैं पूरा...

काश जो मिला इस तरह मुझे,
वो हमेशा से यहाँ होता,
अगर लाता कोई तोहफा,
क्या वो इतना खास होता,
जिसकी लकीरों से मिलकर,
तक़दीर मेरी बदलती है,

उन हाथों को पहनाता मैं कंगन,
शायद तब वो मेरे पास होता...

कहाँ कोई नया चाहिए मुझे,
वो हमेशा से मेरे पास था,
निकले जब हम थे घर से,
कोई तोहफा उसके पास था,
लाने से पहले कुछ भी मेरे ,
मेरी माँ का कंगन उस के पास था...

11. पायल

किसी के चाहने से कुछ बदलता नहीं,
पर आने से ज़िंदगी में,
संभलता है कुछ और बिगड़ता है कुछ,
क़दमों की आहट भी, कुछ ख़ास है,
शोर इतना है ज़िंदगी में,
कि आने से उसके ख़ामोश है कुछ,
शायद पहनी है पायल, उन पैरों में उसने,
उसके आने से ही अब बदलेगा कुछ...

ख़ूबसूरत बड़ा है हुस्न उसका,
पर कुछ बात अलग है बाकियों से,
ये सोचना सिर्फ़ मेरा है,
या इतना मशहूर है वो बाकि काफ़िलों से,
मुसाफ़िर मैं, किनारे मिलना बाकी है अभी,
क्यों लगता है मुझे अब, वही मंजिल है मेरी...

मिल भी न पाऊँगा मैं उसे,
क्यों ये डर लगता है मुझे,
चेहरा भी देखा नहीं जिसका,
क्यों ये दिल याद करता है उसे,

उसका आना लिखा था कहीं से,
शायद ढूंढ लूँ मैं वो आहट फिर से,
शायद मिले न वो फिर मुझे,
पर गुज़रा जो वो फिर कहीं से,
पहचान लूँगा मैं उसे,
उसके पैरों की पायल से....

12. आहट

ज़िन्दगी में दस्तक इतनी हुई,
कि डर लगने लगा है आहटों से,
किसी अपने की भी हो अगर,
तो पीछे हट जाता है दीदार से,
हाल मेरा ही है ये, या तुम भी बेताब हो,
कोई शख्स है तुम्हारी ज़िन्दगी में,
जिसकी आहट तुम्हें पसंद हो...

मैं खोया सा रहता हूँ,
खुद से ही कहता हूँ,
ये आने की है,
या किसी के जाने की आहट,
कोई बता दे, बिना पूछे ही मेरे,
क्या फिर से किसी ने की है इबादत,
क्या फिर से किसी का कोई खो गया,
या मिली है किसी की कोई इनायत...

आदत क्यों मेरी बदलती नहीं है,
चाहत क्यों मेरी संभलती नहीं है,
मैंने क्या खुद से है किया कोई वादा,

जो तू मेरी चाहत बनती नहीं है,
तुझसे ही मेरा हर पल महकता,
तुझसे ही मेरा दिल है धड़कता,
बन जाओ तुम मेरी आदत अभी,
अखिर में बन जाना आहट मेरी...

13. हँसी

जो, करूं मैं तेरी बातें,
तेरी बातों में ही खोना चाहूँ मैं,
तुझसे, मिलने, की ये ख्वाहिशें,
तेरी ख्वाहिशों में ही रहना चाहूँ मैं,
एक तेरा चेहरा, उसपे तेरी अदा,
फिर तेरी बातें, जिनपे हूँ मैं फ़िदा,
पर सबसे हसीन जो तुझको भी नहीं है पता,
वो तेरी हँसी, हाँ तेरी हँसी, और हल्का सा तेरी आँखों का नशा,
पर हँसी, हाँ तेरी हँसी...

वो, सोचूं मैं जो लम्हें,
गुज़ारे थे जो हमने साथ में,
तुमसे, कहने, की ये कोशिशें,
इन कोशिशों को ही जीना चाहूँ मैं,
एक तेरा होना, ही काफ़ी नहीं मुझे,
फिर कैसे करके कोई ख़ता जाने दूँ तुझे,
हर लम्हें में ढूंढता हूँ जिस चेहरे को, वो है तेरा,
वो, तेरी हँसी, हाँ तेरी हँसी, और हल्का सा तेरी आँखों का नशा,
पर हँसी, हाँ तेरी हँसी...

जो, लिखे थे ख़त तुम्हें,
उन लफ़्ज़ों को फिर पढ़ना चाहूँ मैं,
तुमने, मुझसे, ली थी जो सारी कसमें,
उन वादों पर अब जीना चाहूँ मैं,
एक तेरा मिलना, जैसे मिली दुआ,
अब इस दुआ को हर इबादत में पढ़ना चाहूँ मैं,
हर साँस में पिरोता हूँ जिस नाम को, वो है तेरा,
वो, तेरी हँसी, हाँ तेरी हँसी, और हल्का सा तेरी आंखों का नशा,
पर हँसी, हाँ तेरी हँसी..

14. याद

तेरी नज़रों का कसूर है, मेरा दिल लगाना,
तेरी बातों का फितूर, सिर चढ़ता मेरे जाना,
मैं तुझसे मेरे यारा,
सौ दिल और जान भी हारा
अब तू जो मुड़ के आया,
फिर लौट ना दोबारा,
तू रूह जिस्म में, जैसे छांव धूप में,
मैं नदियाँ तू समंदर, तू दरिया मैं किनारा,
अब तू जो मुड़ के आया,
फिर लौट ना दोबारा...

कुछ पल तो ठहर जा तू, मेरे संग तो बैठ जा तू,
तेरी बातें मैं सुनूंगा, कुछ तुझसे ना कहूंगा,
सिर्फ तुझको ही रखूंगा,
चाहे खुद को छोड़ दूंगा,
मैं तुझको फिर चुनूंगा,
हर बार ये करूंगा,
मर-मर के भी जीऊंगा,
पर शिकायत ना करूंगा,
जान तुझको सौंप कर के,

कोई शिकवा ना रखूंगा,
फिर सबको बोल दूंगा...

कि मिलना हो मुझसे कभी,
तो मेरा पता ना पूछना,
हकदार के हवाले है सब,
उसका पता ना पूछना,
अगर ढूंढने निकलो मुझे फिर भी,
तो मेरे यारों का ठिकाना ढूंढना,
मिलूंगा तुम्हे वहीं मैं ,
तुम उनकी यादों में मुझे ढूंढ़ना...

15. दुआ

हम मिले थे, तुमसे कहीं,
जहां आसमान से मिलती ज़मीं,
शाम वादियों में,
महकी खुशबुएं थी,
ढलती रौशनी वो,
झरने संग बह रही,
अब मिल जा तू भी ऐ किस्मत,
ज़िंदगी दुआ कर रही...

ख़ामोशियाँ ज़िंदगी से परे,
ले गई एक ज़िंदगी,
जिससा ख़ुदा है मान के,
हमने करी थी बंदगी,
की वक़्त ने ये साज़िशें,
कुर्बानियाँ बेवक़्त ली,
बस माँगने की दुआ, मेरे वक़्त ने कुबूल की,
अब मिल जा तू भी ऐ किस्मत,
ज़िंदगी दुआ कर रही...

ढूंढे जन्नत कोई कहीं,

मुझे तू मिले, तो है यहीं,
धीमी आहटों से,
दिल में दस्तकें दी,
कहता अजनबी वो,
छुपी ओट में सुन रही,
अब मिल जा तू भी ऐ किस्मत,
ज़िंदगी दुआ कर रही...

16. हार

हार गया मैं, तुझसे आगे बढ़कर,
पीछे मुड़कर जो देखा, तो जीती तू मिली,
तुझको पढ़कर जो समझा था खुद से भी ज़्यादा,
फिर से पढ़कर जो देखा, तो बदली क्यूँ मिली,
ऐसा होना तो नहीं था कभी,
शायद किस्मत ने लिखा हो अभी,
पर तेरी कसमें? वो क्यूँ खो गयी?
आँखें मेरी देख कर तुझे, यूँ रो गयी,
जैसे मैं हूँ बूँदों का साया कोई,
मुझको बादल से लाया चुरा कर कोई...

कहती साँसें मेरी,
बस भी करो,
आँखें नम हो गयी,
चुप भी करो,
क्यूँ दिल का रोना, काफी नहीं?
क्यूँ आँखों से पानी थमता नहीं?
ये मन में जो हलचल,
उठ रही है जो हर पल,
इस धड़कन को थोड़ी राहत भी दो,

बस भी करो ना,
अब बस भी करो...

क्यूँ मेरे तड़पने से आती नहीं वो?
उसमें है जान मेरी,
क्यूँ जाती नहीं वो?
रहती है पास, वो दिल के मेरे,
दूर जिस्मों को हुए, अर्से हो गये,
अब रह गया क्या, मेरा मुझमें,
जो बाकी हैं साँसें, वो ढूंढे ये मुझमें,
जाते हुए भी, क्यों ठहरा हूँ तुझमें,
पूछती रह गई, रूह जिस्म से कफ़न में...

17. बेवफ़ा

हर सुबह, पूछूँ मैं,
हर शाम, ढूँढूं मैं,
धूप की ही तरह,
तेरी परछाइयाँ...

तू मिला क्यों नहीं,
है गिला किस बात का,
हर तरफ तू ही है,
दिल में ये जज़बात था...

बेवफ़ा तेरा प्यार,
बेवफ़ा तेरी याद,
आकार चली जाती है,
इक दफ़ा...

हर पहर सोचूँ मैं,
किस तरह में रहूँ,
बिन तेरे तू बता,
क्यों दिया ये सिला,
हर वफ़ा, एहसास का...

बेवफ़ा तेरा प्यार,
बेवफ़ा तेरी याद,
आकार चली जाती है,
इक दफ़ा...

18. इबादत

तेरे इश्क़ का ये कैसा खुमार है,
तुझमें छुपी उस खुदा की अदा है,
मुझसे जुदा हो वो तुझसे जुड़ा है,
शब्दों में कहता ये दिल की ज़ुबान है...

हरकत हुई,
तेरे आने से दिल में,
जो इस दिल को धड़कन तेरी पसंद है,
चाहत मेरी, एक प्यासा समंदर है,
ख्वाबों में आता वो, बस एक मंज़र है,
उम्मीद उसमे है बस्ती मेरी,
चाहत पुरानी क्यों लगती नयी,
दिल कह रहा सुन हिदायत मेरी...

छुए लब से जो रूह को,
दिल से लबों को,
हम सजदों में करते इबादत तेरी,
इबादत तेरी...

19. यारियाँ

चढ़ते दिन से थोड़ी ज्यादा,
हर खुशी में वो याद आता,
ढलते दिन सा उतर जाता,
गर उसके कहने पे ना जाता,
वो आ जाती,
हाँ याद आती,
तेरी हमें, यारियाँ...

वो जो मुझको नजर आता,
मुस्करा के चला जाता,
पास उसके मैं,
साथ उसके मैं,
दिल में दिल के उतर जाता,
वो आ जाती,
हाँ याद आती,
उसकी हमें, यारियाँ...

गुम हुई क्यों, रातें सारी,
कहाँ खो गई, वो बातें प्यारी,
क्यूं दूर अब नज़दीकियाँ हैं,

ऐसे सवालों की सर्दियाँ हैं,
अल्फ़ाज़ नहीं,
हैं मेरे पास अब,
बातें ही हैं, तेरी याद अब,
यादों से ही पूछता हूँ,
क्यूं गई तू, सोचता हूँ मैं,
तु आ जाती,
हाँ याद आती,
तेरी हमें, यारियाँ...

20. आखिरी हद

तेरे से ही उठा मैं,
तुझको थामे, बढ़ा मैं,
तुझमे ही कहीं,
जाके छुपा मैं,
बेहोशी में भी,
कहने लगा मैं,
तू मेरी आखिरी हद है...

दरवाज़ों को खोले बिना ही,
रातों को चादर ओढे बिना ही,
खुद ही खुद में खोने लगा मैं,
ख़्वाबों में तुझको पिरोने लगा मैं,
तू ही तू मेरी ज़िद्द है...
मेरे इश्क की, आखिरी हद है...

मेरे दिल की दुआ में,
तुझको बनाऊँ, खुदा मैं,
तुझमे ही कहीं,
आके रुका मैं,
तेरी ख़ुशी, को,

जीने लगा मैं,
तू मिली जैसे रहमत है...
मेरे इश्क़ की, आखिरी हद है...

उम्मीदों को तोड़े बिना ही,
किस्मत-ए-पन्ने मोड़े बिना ही,
तेरे जूनून में जीने लगा मैं,
गम के बादल पीने लगा मैं,
तेरी हंसी, मेरी ज़िद है,
तू मेरी आखिरी हद है...
मेरे इश्क की आखिरी हद है...
तू मेरी आखिरी हद है...

21. नया दिल

दिन की सुबह से पहले,
क्यों आज मेरी सुबह है,
जैसे कि राहों में कहीं,
मुसाफिर कोई खड़ा है,
पूछे वो रास्ता मेरा,
खुद मंज़िल मेरी बना है,
मिल जाए वो फिर कहीं,
मौला, आखिरी दुआ है...

ले जान मेरी, या दे मुझे,
कल की अपनी, तस्वीर कोई,
मुझे मांगना, है खुदा से,
एक नया दिल, तेरी तरह...

तुझसे ऐ ज़िंदगी, मुलाकात,
किसी शाम की तरह है,
बातें जो अनकही सारीं,
पढ़े आँखें दिल की ज़ुबान है,
पूछे बिना इजाज़त के,
खुद अक्स तेरा बन गए हैं,

कि कुबूल तारीख़े सारी,
मौला हम तो सवार गए हैं...

ले जान मेरी, या दे मुझे,
कल की अपनी, तस्वीर कोई,
मुझे मांगना, है खुदा से,
एक नया दिल, तेरी तरह...

9 789369 544745